우리 도서관의 선구자 박봉석

3쇄 발행 2025년 5월 10일

글 백승남·어유선   **그림** 이해정   **감수** 서혜란
펴낸이 정혜숙   **펴낸곳** 마음이음

책임편집 여은영   **디자인** 김세라
등록 2016년 4월 5일(제2016-000005호)
주소 03925 서울시 마포구 월드컵북로 402, 9층 917A호(상암동 KGIT센터)
전화 070-7570-8869   **전자우편** ieum2016@hanmail.net
블로그 https://blog.naver.com/ieum2018   **인스타그램** @mindbridge_publisher

ISBN 979-11-92183-21-3 73990
      979-11-960132-3-3 (세트)

ⓒ 백승남 이해정, 2022

* 이 작품은 미래엔 주최, 제1회 창작글감공모전의 '교과서 창작글감 최우수 수상작'입니다.
* 이 책의 내용은 저작권법의 보호를 받는 저작물이므로 무단전재와 복제를 금합니다.
* 책값은 뒤표지에 있습니다.

어린이제품안전특별법에 의한 제품표시
제조자명 마음이음   **제조국명** 대한민국   **사용연령** 만 7세 이상 어린이 제품
KC마크는 이 제품이 공통안전기준에 적합하였음을 의미합니다.

우리 도서관의 선구자

박봉석

백승남·어유선 지음 | 이해정 그림 | 서혜란 감수

마음이음

차례

프롤로그 8

배움을 좋아하는 소년 • 10
임시정부를 방문하다 • 24
조선인 사서 • 32
비밀 서고를 만나다 • 45
도서관을 지켜 내다 • 57
우리의 정신을 대표하는 도서관 • 69
도서관만은 지키자 • 83

더 알아봐요 96

프롤로그

도서관에 와 봤니?

국립도서관, 공공도서관, 학교도서관, 작은도서관, 어린이도서관까지 다양한 도서관들이 있어. 그중 나는 서울에 있는 국립중앙도서관이야. 우리나라의 가장 중심 도서관이라고 할 수 있지.

벌써 와 본 적 있다고? 그럼 2층 복도에 있는 전시

판도 보았니? 우리나라 도서관의 역사를 알려 주면서 박봉석 아저씨를 소개하고 있어. 한국 도서관의 개척자로 말이야.

도서관에서 일하며 책과 사람을 연결해 주는 이를 '사서'라고 해. 책을 구입하고 분류하고 빌려주는 일도 한단다. 박봉석 아저씨는 우리나라에서 처음으로 사서로 일한 분이야. 나, 국립중앙도서관이 맨 처음 자리 잡을 때 크게 애를 쓴 분이기도 하시지.

지금부터 그 아저씨 이야기 들어 볼래?

배움을 좋아하는 소년

열두 살 봉석은 부지런히 산길을 걸어갔다. 40리(약 16킬로미터)나 걸어가야 하는 먼 절이지만 발걸음은 가벼웠다.

"오늘은 스님에게 어떤 걸 배울까?"

봉석은 집이 가난해 학교에 가는 건 꿈도 꾸지 못했다. 대신 식구들이 다니는 절의 스님에게 가르침

을 받았다. 식민지 조선에서는 배우고 싶다고 누구나 공부할 수 있는 건 아니었다. 봉석이 다섯 살 되던 해, 조선은 일본에게 나라를 빼앗겼다.

절에 도착해 공부를 마쳤다. 그 뒤 스님이 꺼낸 말에 봉석은 입을 다물지 못했다.

"네에? 학교요?"

스님이 웃으며 봉석의 머리를 쓰다듬었다.

"그동안 열심히 공부해서 기특하구나. 절에서 네게 장학금을 주기로 했으니, 학교에 다니며 마음껏 배우고 꿈을 펼쳐 보려무나."

"학교……."

그 말을 입에 담는 것만으로 봉석은 가슴이 뜨거워졌다. 봉석은 무얼 배우는 게 좋았다. 책이 좋아서 새 책이라도 만나면 책장이 닳도록 읽고 또 읽는 아이였다.

그렇게 스님들의 도움으로 봉석은 중앙공립보통학교(지금의 중앙고등학교)에 입학했다. 봉석은 학교에서 배우는 모든 과목이 새롭고 재미있었다. 역사와 문학은 특히 좋았다. 시를 써서 발표하기도 했다. 봉석은 불교 관련 책들도 파고들었다. 자신이 학교에 다닐 수 있게 도와준 스님들에 대한 고마움을 잊지 않았다. 그러다 보니 성적은 대부분 우수했지만 관심 없는 일본어는 점수가 형편없었다.

1926년 봄, 중앙고보 5학년이 된 봉석은 친구들과 축구를 하고 있었다. 평소 친구들과 활발히 어울리고, 운동도 열심히 하는 봉석은 축구 시합이라도 벌어지면 주저 없이 선수로 나서곤 했다.
"나라 잃은 백성이 뜻을 펼치려면 공부 못지않게 건강도 잘 챙겨야 해."

봉석이 제 자신에게도, 친구들 앞에서도 늘 다짐하는 말이었다.
"공 간다. 받아!"
한 친구가 차올린 공이 하늘 높이 떴다. 봉석은 날아오는 공을 향해 달려 나갔다. 그때였다. 학생 한 명이 운동장으로 뛰어오며 소리쳤다.

"이보게들! 황제…… 황제 폐하께서…… 승하하셨다네!"

"뭐?"

봉석은 그대로 멈춰 섰다. 높이 솟았던 공이 툭 떨어져 힘없이 굴러갔다. 그러거나 말거나 봉석과 친구들은 소식을 전한 학생을 둘러쌌다.

"그게 참말이야?"

"이 무슨 날벼락 같은……."

그 자리에 털썩 주저앉은 친구도, 주먹을 부르르 떠는 친구도, 단박에 울음을 터뜨린 친구도 있었다.

"이제 우리나라는 어떻게 되는 걸까?"

일본에 의해 폐위(강제로 왕위에서 물러남)되어 창덕궁에 갇혀 살던 황제였다. 그래도 임금이 살아 계시기에 아직 내 나라가 있다는 믿음이 백성들에게는 남아 있었다. 일본이 문화 통치라는 이름으로 조선을

더욱 못살게 굴며, 모든 걸 집어삼키려는 야욕을 노골적으로 드러내던 무렵이었다.

일본에게 갖은 수모를 당하다 세상을 떠난 황제의 소식에 봉석의 가슴에도 울분이 차올랐다. 봉석과 친구들은 오랜 시간 이야기를 나누었다. 그날 학교 곳곳에서는 심각한 얼굴로 이야기를 나누는 학생 무리들을 볼 수 있었다.

그해 6월 10일, 순종 황제의 장례식이 시작되었다. 창덕궁 금호문 앞 거리를 흰옷 입은 백성들이 가득 메웠다. 봉석과 친구들을 비롯한 중앙고보 학생들은 종로 쪽에 모여 있었다. 멀리서 상여가 움직여 왔다. 여기저기서 나던 흐느낌 소리가 더욱 커졌다. 울음소리는 금세 통곡 소리로 번져 하늘을 울렸다.

말에 탄 일본 경찰과 군인들이 상여와 백성들 사이를 가로막았다. 그때 일본 관료가 타고 가던 자동차 쪽에서 소란이 일었다. 조선 사람 한 명이 비수를 치켜들고 그쪽으로 뛰어들었기 때문이다. 행렬이 흐트러지고 경찰들이 말굽 소리를 내며 달려갔다. 그때였다.

"대한 독립 만세!"

봉석의 학교 학생들이 모여 있던 데서 목소리가 울려 퍼졌다.

"대한 독립 만세!"

만세 소리와 동시에 수백 장의 종이가 허공에 흩뿌려졌다. 나라의 독립을 말하는 격문이었다. 봉석도 목이 터져라 만세를 불렀다. 봉석의 친구들도, 가까이나 멀리 모여 선 사람들도 만세를 외쳤다. 외치고 또 외쳤다.

"대한 독립 만세!"

"대한 독립 만세!"

울음소리들이 만세 소리로 바뀌었다. 종이들이 흩날리고, 손에 손에 든 태극기가 휘날렸다. 봉석은 가슴이 터질 듯 뜨거워졌다. 만세의 물결이 들불처럼 번져 나갔다.

일본 경찰과 군인들이 말을 달리기 시작했다.

"삑—."

날카로운 호루라기 소리가 허공을 갈랐다.

"다 체포해! 한 놈도 놓치지 마라!"

군인 경찰들은 칼로 찌르고 총을 쏘며, 흩어지는 조선 사람들을 쫓았다. 그러곤 닥치는 대로 끌고 가기 시작했다. 달아나는 사람들, 쫓아가는 군인 경찰들, 칼에 베이고 총에 맞고 쓰러지는 사람들로 금세 아수라장이 되었다.

봉석과 친구들도 날쌔게 달아났다. 일본 경찰들은 끈질기게 뒤쫓아 왔다. 다른 학생들보다 머리 하나는 더 큰 키에, 운동으로 다져진 봉석의 건장한 체격은 학생들 사이에서도 유독 눈에 띄었다.

봉석은 건물들이 모여 있는 좁은 골목길로 뛰어들었다. 어떤 집의 담장 뒤로 몸을 숨기는데, 어느새 쫓아온 경찰의 말이 앞을 가로막았다.

일본 경찰에게 목덜미를 잡혀 질질 끌려가며 봉석은 입술을 짓씹었다. 안 그래도 부리부리한 눈에서 불길이 일었다.

'힘을 길러야 해. 그래야 앞을 내다볼 수 있어. 그러려면 더 깊이 공부하고 더 많이 똑똑해져야 해.'

며칠 뒤, 단순 가담자로 석방된 봉석은 공부에 더더욱 매달렸다.

임시정부를 방문하다

　중앙고등보통학교를 졸업한 봉석은 모교의 선생님이 되었다. 좋은 여자를 만나 결혼도 했다. 학생들을 가르치는 일은 즐거웠지만, 봉석의 마음 한구석에는 공부를 계속하고 싶다는 바람이 남아 있었다.
　낮에는 학생들을 가르치고, 밤에는 책에 파묻혀 사는 생활이 이어졌다. 특히 철학책에 빠져 밤을 꼴

딱 새우는 일이 잦아졌다. 공부하고 싶은 마음도 갈수록 더 강해졌다. 하지만 대학에 진학할 형편이 못 되니 한숨만 늘었다.

그 무렵 중앙불교전문학교(지금의 동국대학교)가 생긴다는 소식이 들렸다. 이번에도 도움의 손길을 내민 건 절의 스님이었다. 다시 한 번 장학금을 주겠다는 제안에 봉석은 고개를 떨구었다. 그 마음을 짐작이라도 하듯 스님이 인자하게 말했다.

"자네의 배움에 대한 열망을 누구보다 잘 안다네. 더욱더 배우고 자신을 갈고닦아 나라를 위한 인재가 되어 주게."

"명심하겠습니다. 대학에 가면 불교 철학부터 공부할까 합니다. 도움 받은 은혜를 반드시 갚을 날이 있을 겁니다."

그렇게 다짐하는 봉석의 마음은 이미 대학교의

문턱을 넘고 있었다.

어렵게 들어간 대학에서 봉석은 열심히 공부했다. 하지만 이따금 표정이 어두워지기도 했다.

'집안 형편도 어려운데……. 지금이라도 학교를 그만두고 돈벌이에 나서야 하지 않을까? 나라의 앞날은 어둡기만 한데 이렇게 공부만 하고 있어도 되는 걸까?'

1929년 가을, 중앙불교전문학교에서 수학 여행단이 꾸려졌다. 봉석은 수학 여행단에 끼어 중국의 여러 도시를 거쳐, 상하이에 있는 임시정부를 비밀리에 방문했다. 붉은 벽돌집들이 죽 늘어선 거리의 3층 건물로 들어서는 봉석의 가슴이 쿵쿵 뛰었다. 좁고 가파른 나무 계단이 삐거덕삐거덕거렸다. 마치 어서 오라고, 반갑다고 인사하는 소리처럼 들렸.

3층에 올라서자 문이 열리고, 안에 있던 사람들이

반갑게 봉석 일행을 맞이했다.

"어서 오시오! 조선의 젊은이들을 환영합니다!"

조선의 독립을 위해 활동하는 임시정부 이야기를 조선 청년들은 몰래 나누곤 했다. 봉석의 학교에서도 졸업하면 상하이로 건너가 임시정부 일을 거들 거라고 다짐하는 학생도 있었다.

봉석은 다소 비좁아 보이는 사무실을 둘러보았다. 나무 장을 칸막이 삼아 회의실과 김구 선생 사무실을 나눠 놓은 걸 보고 마음이 울컥했다. 회의용 탁자도, 김구 선생의 책상도 낡을 대로 낡아 어려운 살림살이가 고스란히 드러나 보였다.

"부끄럽습니다. 이렇게 애쓰고 계시는데 공부만 하는 것이 옳은지 모르겠습니다."

봉석과 친구들이 고개를 수그렸다.

"나라 밖에서 독립을 위한 활동도 중요하지만, 깨

어 있는 젊은이들이 국내에서 활동하는 것도 매우 필요합니다. 힘들지만 함께 그 일을 해냅시다. 독립이 멀지 않았습니다."

봉석은 주먹을 움켜쥐었다. 무언가 자신도 할 일이 있을 거라고 마음이 꿈틀거렸다.

수학 여행단이 조선으로 돌아오고 며칠 뒤, 상하이 훙커우 공원에서 폭탄이 터졌다. 윤봉길 의사가 일본군의 기념식장에서 벌인 의거였다. 신문에 난 윤봉길 의사의 사진을 본 봉석의 눈이 커졌다. 임시 정부 사무실에서 자신의 어깨를 두드려 주던 사람이었다.

"그분이 윤봉길 선생님이셨구나!"

봉석은 고개를 들어 상하이가 있는 북쪽 하늘을 바라보았다. 봉석의 마음처럼 구름이 거세게 물결치며 흘러가고 있었다.

조선인 사서

"당신은 책하고 결혼하는 게 나을 뻔했어요."

책을 손에서 놓지 않는 봉석에게, 아내가 우스개로 말했다.

"아, 읽다 보니 점점 더 빠져들어서 그만……."

봉석은 미안한 표정을 지었다. 대학 공부를 마쳤으니 무어라도 벌이를 해서 가난한 살림에 보태야

하는데, 그게 쉽지 않았다. 조선에 대한 일본의 감시와 탄압이 갈수록 심해졌고, 대부분의 기관, 시설, 상점 들까지 주인은 죄다 일본인이었다. 돈을 벌려면 일본인 밑에서 일을 해야 했다.

게다가 언제 징용으로 끌려갈지 몰라 불안했다. 일본이 전 세계를 상대로 일으킨 전쟁이 계속되어 조선 사람은 전쟁터로, 전쟁 무기를 만드는 공장으로 언제든 끌려갈 수 있었다. 봉석처럼 아직 일자리가 없는 젊은이야말로 위험했다.

봉석은 책을 내려놓고 아내를 바라보았다. 봉석이 입을 떼기도 전에 아내가 먼저 말했다.

"뭘 고민하는지 알아요. 당신은 책을 좋아하니까, 도서관에 취직하는 건 어떨까요?"

자신의 고민을 정확히 짚은 아내의 말에 봉석은 놀랐다.

가난한 봉석은 보고 싶은 책을 도서관에서 빌려 보곤 했다. 그러나 조선 사람이 세운 경성도서관(지금의 서울시립종로도서관)이 일본의 방해로 운영이 어려워져, 경성부립도서관으로 넘어가 버렸다. 그래서 당시 신문이나 오래된 책들은 볼 수 없게 되었다. 그 무렵 남대문통 이정목 관성문 안(지금의 서울 소공동 롯데호텔 자리)에 조선총독부도서관이 문을 열었다.

3·1운동이며, 6·10만세운동으로 조선 사람들의 독립에 대한 갈망에 위협을 느낀 일본은 통치 방식을 바꾸었다. 이제는 조선 사람들의 생각을 억압하는 데 더욱 힘을 쏟았다. 도서관을 만든 것도 조선 책과 자료들을 끌어모아 금지 목록을 만들고, 일본이 보여 주는 것만 보게 하자는 속내였다. 수많은 우리의 책과 자료들이 조선총독부도서관에 속속 모였다. 하지만 정작 조선 사람은 그것들을 볼 수 없었다.

"경성도서관에 없는 자료들이 조선총독부도서관에는 있겠지요. 구하기 쉽지 않은 불교 철학책들도 마찬가지고요."

그런 점에서 도서관은 봉석에게 꿈의 직장이 틀림없었다. 보고 싶은 책들로 가득한 책장을 그려 보다 봉석은 이내 씁쓸한 표정을 지었다.

"직원이 되면 책과 자료들을 볼 수 있겠지만…… 우리 도서관이 아니고 조선총독부도서관인걸요. 관장도 일본인이라고요."

아내도 더는 말하지 못하고 고개만 끄덕였다. 그러나 한 번 붙은 불이 쉬 꺼지지 않는 것처럼, 책으로 빼곡한 책장들이 봉석의 눈앞에 자꾸 떠올랐다. 봉석은 생각하고 또 생각했다.

'지금은 우리가 일본의 지배를 받고 있지만 언젠가는 독립이 되겠지. 그때가 되면……'

마침내 봉석은 마음을 정했다.

'그래, 조선총독부도서관으로 가자. 거기에 모인 책들은 우리나라의 귀중한 자산이야. 지금은 그것만 생각하는 거야.'

그렇게 봉석은 조선총독부도서관의 가장 낮은 일자리인 고원(임시 채용된 하급 사무원)으로 취직했다. 나이 스물다섯 살 되던 해였다.

첫 출근하던 날, 봉석은 떨리는 가슴으로 도서관 정문 앞에 섰다. 5층짜리 붉은 벽돌 건물에는 서늘한 기운이 감돌았다. 정복을 입은 수위가 아직 닫혀 있는 문을 열어 주었다.

봉석은 긴 다리로 성큼 안으로 들어섰다. 거대한 서고가 봉석을 짓누를 듯 내려다보았다. 주변은 바늘 떨어지는 소리도 들릴 만큼 고요했다.

'그래 버티자. 버티면서 내가 보고 싶었던 우리 책들과 기록들을 찾아내자.'

봉석은 숨을 길게 내쉬며 허리를 쭉 폈다. 천천히 걸음을 떼어, 서고 하나하나를 둘러보기 시작했다.

'언젠가 독립이 되면, 도서관과 이 책들과 자료들이 우리나라 사람들에게 힘이 되어 주겠지? 그때를 위해서라도 여기서 내가 할 수 있는 걸 찾아보자!'

굳은 다짐만큼 열심히 일하니, 봉석은 금세 능력을 인정받아 조금씩 중요한 일도 맡게 되었다. 같은 종류의 책들을 모아 책장에 나란히 꽂으면서, 봉석은 책들을 나누고 정리하는 방법에 눈을 떴다. 그것은 조선의 책들을 어떻게 나누고 정리할지, 목록은 어떻게 만들지에 대한 고민으로 이어졌다.

그러던 어느 날, 책장 앞에서 조선 책들을 정리하던 봉석의 손이 멈칫했다. 손에 들린 책 표지에 『사슴』이라고 쓰여 있었다. 가슴이 쿵쿵거려 봉석은 눈을 꾹 감았다 떴다. 시인 백석의 시집이었다. 딱 100부만 찍었다던 초판본(처음 찍어 낸 책)이었다.

'구할 수 없어서 두고두고 아쉬웠던 시집이 내 손에 있다니!'

책장을 펼치는 봉석의 손이 떨렸다. 겹으로 접은 한지에 적힌 시 한 편 한 편이 마음을 툭 툭 건드렸다. 시인의 숨결이 고스란히 살갗에 와닿는 것 같았다.

봉석은 책장을 덮고 표지를 손으로 살살 쓸어 보았다. 그러다 문득 눈살을 찌푸렸다. 표지에 '조선총독부도서관'이라고 빨간 도장이 찍혀 있었다. 마치 사슴이 피를 흘리는 것처럼 보였다.

봉석은 자신을 비웃는 듯한 빨간 도장을 노려보았다. 이 도서관에, 조선의 책이 3분의 1 넘게 모여

PLO

조선
총독부
도서관

白, 사슴

있다더니, 어떻게 모았을지 짐작이 갔다.

"참고 견뎌야 해. 이 귀한 우리 책과 자료들을 지킬 사람이 지금은 나밖에 없어."

그 뒤로 봉석은 특히 우리 자료들을 기억하고, 모아 정리하는 데 힘을 기울였다.

'나라가 독립하는 날이 온다면……'

도서관이 우리 것이 되는 날을 그려 보며, 그때를 위해서라도 도서 전문가가 되어야겠다고 봉석은 마음먹었다.

도서관은 세상에서 가장 공평한 곳이다. 누구나 자유롭게 책을 읽고 공부할 수 있는 곳. 하지만 그 '누구나'에 조선 사람은 해당되지 않았다. 그래서 봉석은 사서 자격 시험 준비에 더욱 매달렸다. 도서관 관리법, 도서 분류법, 도서 목록법 같은 도서관 관련 과목과 국어(일본어), 외국어 등 여러 과목의 필기

시험에 실기 시험까지 치러야 했다.

  일본인도 어렵다는 시험에 합격하고, 마침내 사서 자격증을 손에 쥐었을 때 봉석은 울컥 눈물이 났다. 자신이 꿈꾸는 도서관의 앞길에 한 걸음 더 다가갔다는 기쁨의 눈물이었다. 봉석이 도서관에 들어간 지 8년 만이었다.

비밀 서고를 만나다

 이제 봉석은 조선총독부도서관 시험에 합격하여 도서관에서 일하는 하나뿐인 조선인 사서가 되었다. 중요한 일은 조선 사람에게 맡기지 않는 곳에서 버텨 낸, 우리나라 사서이기도 했다. 그만큼 일을 잘했고 위치도 조금씩 올라갔다.
 그러나 조선 사람인 봉석에게는 여전히 금지된 구

역이 있었다. 바로 도서관 지하의 비밀 공간이었다. 계단 앞을 막아 놓은 가림막을 밀치고 아래로 내려가는 일본인 직원들을 볼 때마다, 봉석의 눈은 거기서 떠나지 못했다. 사서들 가운데서도 봉석만 들어갈 수 없는 곳. 어두운 계단 아래 숨겨진 비밀의 문이었다.

어느 날, 일본인 직원들만 회의를 한다며 사무실에 모였다. 전쟁이 막바지로 치달으며 일본의 패배가 가까워지자 대책을 세우려는 것이었다.

봉석은 아무도 몰래 복도 끝으로 갔다. 다시 한 번 주변을 살핀 다음 재빨리 가림막을 지나 계단을 내려갔다. 심장이 금방이라도 튀어나올 듯 쿵쾅거렸다.

"세상에……."

봉석은 가까스로 목소리를 삼켰다. 눈앞에 책장들이 즐비했다. 책장마다 책들로 빼곡했다. 은밀한 소문으로만 들었던 비밀 서고. 그토록 찾으려 해도, 흔적도 볼 수 없던 책들이 거기 쌓여 있었다. 조선의 역사와 전통, 사상에 대한 책들이었다.

봉석이 책 한 권을 뽑아 들자 먼지가 떨어졌다. 후, 입바람을 부니 먼지가 잔뜩 날렸다. 습기 때문에 책에 번진 얼룩도 보였다. 다른 책들 상태도 비슷했다. 뒤집어쓴 먼지를 털어 내면, 잉크가 번진 자국에 낡아 너덜거리는 책엽이 나왔다.

반대로 깨끗이 보존되고 있는 책장도 있었다. 거기에는 일본의 비밀스런 식민지 정책 관련 책들이 모여 있었다.

두근대던 심장이 차갑게 식었지만, 봉석이 당장 할 수 있는 건 없었다. 들키기 전에 얼른 빠져나와야만 했다. 봉석은 떨어지지 않는 발길을 억지로 돌리며 비밀 서고의 문을 닫았다. 그 안의 비밀스런 책들도 마음 깊이 묻었다. 하지만 조선의 책들이 자꾸만 봉석의 눈앞에 어른거렸다. 그때마다 봉석은 초조해졌다.

"책들이 더 망가지면 안 되는데……. 뭔가 할 수 있는 게 없을까? 독립하는 날만 기다려야 하나?"

그렇다고 섣불리 움직일 수도 없었다. 패전의 기운이 짙어 가자 오히려 일본은 '최후의 결전'을 선언했고, 도서관 분위기도 흉흉하기만 했다.

"그래…… 지금은 내가 할 수 있는 것부터 하는 수밖에. 조선의 귀중한 자료들이 언제, 어떻게 사라질지 모르니 목록이라도 정리하자. 그러면 나중에라도 다시 찾을 수 있으니까."

봉석은 비밀 서고에서 본 우리 책들, 그 밖에도 중

요한 우리 자료들의 목록을 만들기 시작했다. 당시 책 분류법은 일본과 외국만을 나란히 놓고 책들을 나누었다. 역사(일본사), 동양사, 서양사로 나누는 식이었다.

"역시 마음에 들지 않아. 우리나라와 일본을 나란히 놓고 분류해야 되지 않나? 역사, 세계사, 일본사, 조선사로 나누는 게 맞잖아?"

봉석은 제 생각대로 새 분류표를 만들어 보았다. 일본의 서슬이 퍼렇던 당시, 호랑이 소굴 같은 조선

총독부도서관에서는 매우 위험한 작업이었다. 봉석은 일본인 눈을 피하느라 늦은 시간까지 도서관에 홀로 남아 일하는 날이 늘어났다.

어느 날, 봉석이 조선의 역사나 문학을 따로 나누는 분류표대로 자료 목록을 정리하고 있을 때였다. 똑똑, 사무실 문 두드리는 소리가 들렸다. 봉석은 흠칫 놀라 분류표를 재빨리 책 더미 아래 숨겼다. 동시에 문이 벌컥 열렸다.

"와야마상?"

"……네."

봉석은 멈췄던 숨을 겨우 내쉬고 느리게 대답했다. 자리에서 천천히 일어나며 책 더미를 손으로 꾹 눌렀다. 떨리는 손을 감추려 주먹을 움켜쥐었다. 봉석의 얼굴과 책상 위의 책 무더기를 차례로 훑어보며 일본인 직원이 물었다.

"와야마상은 오늘도 야근인가요?"

와야마 히로시게. 봉석은 자신의 일본 이름을 들을 때마다 낯설었다.

"아, 그게……."

"아들이 찾아왔어요."

직원 뒤에서 봉석의 아들이 쭈뼛쭈뼛 고개를 내밀었다. 탐색하듯 봉석과 아들을 번갈아 보던 직원이 몸을 돌려 사라졌다. 그제야 딱딱하게 굳었던 봉석의 표정이 스르르 풀렸다.

"휴우……."

"아버지."

"그래…… 기홍이 왔구나."

"퇴근 시간이 지났는데도 오시지 않아 걱정했어요. 아직도 일하고 계셨군요."

창밖을 보니 어느새 날이 어두웠다. 아들이 책상 위의 산더미 같은 자료들을 가리키며 물었다.

"아버지, 날마다 일이 그렇게 많으세요? 책에 발이 달린 것도 아닌데 어디로 가겠나요?"

"……그래, 책들이 사라질까 걱정되는구나. 쉽게 구할 수 없는 귀한 자료들이거든. 지금 정리하고 기록해 놓아야 한단다. 한데 어떻게 정리하면 좋을지 고민이 많구나."

봉석이 피곤한 눈을 깜박이며 두 손으로 얼굴을 쓸었다.

"아버지, 여기요. 어머니께서 갖다 드리래요."

번번이 끼니도 거르며 일에 파묻혀 사는 봉석을 위해 아내는 아들에게 삼식 도시락(세 끼를 먹을 수 있는 도시락)을 들려 보내곤 했다. 봉석은 아들의 머리를 쓰다듬어 주었다.

"어두운데 혼자 왔느냐?"

"어머니는 도서관 밖에서 기다리고 계세요."

직원 가족이라도 조선 사람은 출입이 자유롭지 못해, 아들도 도시락만 전하고 바로 돌아가야 했다. 도서관을 나가는 아들을 배웅하며 봉석은 도서관이 우리 것이 되는 날을 다시 한 번 그려 보았다.

봉석이 어렵게 완성한 분류표를 마침내 쓸 기회가 왔다. 개성에 중경문고라는 새 도서관 설립 준비를 봉석이 맡았기 때문이다. 1만 권 넘는 옛날 책들까지 모여 있는 도서관이라, 일본의 분류표로 도저히 책을 정리할 수 없었다. 봉석은 자신의 분류표로 중경문고의 책들을 정리하였다. 그렇게 일본과 조선을 나란히 놓고, 역사도 일본사와 조선사로 나눈 '조선공공도서관 도서분류표'를 발표하였다.

도서관을 지켜 내다

연합군의 비행기 공습이 잦아졌다. 도서관 분위기도 그 어느 때보다 뒤숭숭했다.

봉석은 일본의 패망이 머지않았다는 걸 알았다. 설레면서도 한편으론 폭탄이 도서관에 떨어질까 봐 밤잠을 이루지 못했다. 공습경보가 끝나기 무섭게 달려가 아직 무사한 도서관의 책들을 보며 가슴을

쓸어내리곤 했다.

8월이 되자 하루에도 몇 번씩 경계경보와 공습경보가 울렸다. 도서관에 불이라도 붙을까 봐, 물을 채운 물통을 도서관 구석구석에 놓아두기도 했다. 대출은 중지했으며 빌려 간 책들은 돌려받고, 도서관도 문을 닫았다. 서고를 정리해 중요한 책을 경성(지금의 서울) 시내에 있는 학교들과 절에 나눠 보관하는 작업이 시작되었다.

마침내 1945년 8월 15일, 그날도 봉석은 아침부터 서고 정리에 매달려 있었다. 더운 날씨에 바람조차 통하지 않는 서고에서 땀으로 흠뻑 젖었다.

정오가 되자 사이렌이 울렸다. 곧이어 라디오에서 성명이 흘러나왔다. 순간 봉석의 손에서 책이 툭 떨어졌다. 항복을 선언하는 일왕의 목소리가 들렸다.

'일본이 항복? 우리는…… 독립이구나! 드디어!'

감격으로 눈시울이 뜨거워졌다. 독립하면 하고 싶던 일들이 마음속에서 분수처럼 솟구쳤다. 봉석은 깊이 숨을 고르고, 바닥에 떨어진 책을 집었다.

'귀중한 책들을 안전하게 보관하는 게 그 시작이야.'

다시 서고를 정리하는 봉석의 손이 빨라졌다.

다음 날, 봉석은 조선총독부도서관의 관장인 오기야마 히데오를 찾아갔다.

"관장님도 이제 일본으로 돌아갈 거지요? 잊지 말고 도서관 열쇠를 넘겨주시지요."

오기야마 관장은 망설였다. 총독부에서는 일본이 잠시 물러나지만 반드시 조선으로 돌아올 거라고 했다. 그때를 위해서라도 조선의 기록 유산들을 손에 쥐고 있어야 했다. 관장의 생각을 눈치챈 봉석이 강하게 못박았다.

"도서관의 책을 한 권이라도 가져가면 절대 안 됩

니다!"

 오기야마 관장은 머리를 굴렸다. 자칫 제 목숨 지키기도 어려울지 모른다는 생각이 들자, 마지못해 열쇠를 내놓았다.

 도서관 열쇠와 책장 열쇠를 챙겼지만 봉석은 마음이 놓이지 않았다. 그래서 도서관의 우리나라 직원들을 불러 모았다. 봉석 포함 여섯 명이 비밀리에 모였다.

 "일본인들이 우리의 소중한 책과 자료들을 몰래 빼내 갈 수 있어요. 어떻게든 지켜야 합니다."

 "도서관을 보존하는 건 나라의 미래를 지키는 일이죠. 눈에 불을 켜고 감시해야겠군요."

 "우리 모두 있는 힘을 다합시다!"

 봉석과 직원들은 손을 잡고 다짐하며 마음을 모았다.

그렇게 35만 권이나 되는 책들 하나하나를 점검하고, 비밀 서고의 우리 책들도 다시 확인했다. 그리고 세 명씩 조를 짜서 밤새 돌아가며 도서관을 지켰다. 조선총독부도서관뿐 아니라 서울 시내 다른 도서관들을 돌며, '도서관수호문헌수집위원회'라는 이름으로 도서관과 책들을 함께 지켜 냈다.

일본이 물러가며 도서관의 무엇 하나 건드리지 못하게 막았지만, 진짜 일은 이제부터 시작이었다.

"일본이 주인이었던 도서관을 우리의 도서관으로 바꾸려면 무엇부터 해야 할까?"

밤낮으로 고심하던 봉석은 한 달 뒤 건국준비위원회 사람들과 만났다. 상하이에 있던 임시정부 사람들이 중심이 된 건국준비위원회는 빼앗겼던 나라의 모든 걸 돌려받고 나라를 새로 세우기 위한 일들을 하고 있었다. 그 자리에서 봉석은 문화 시설 전문 위원으로, 도서관에 대한 관리와 책임을 맡게 되었다. 그날부터 봉석은 '조선총독부도서관'이라는 불명예스러운 일본 이름을 떼어 내는 데 온 힘을 기울였다.

1945년 10월 15일 아침.
"저기, 줄 선 사람들 좀 보세요! 100명도 넘는 거 같아요!"

"입관료를 20전(약 1300원)이나 받는데도 저리 몰려온 걸 보면, 우리 도서관에 대한 기대가 크다는 거겠죠?"

국립도서관이라는 새 이름을 얻은 도서관 정문 앞으로 사람들이 길게 늘어서 있었다. 기대로 반짝이는 눈빛들을 보자 봉석은 코끝이 시큰했다. 그동

안 뜬눈으로 밤을 새우며 애쓴 보람을 느끼는 순간이었다.

"그간 참으로 고생 많았습니다!"

옆에서 이재욱 관장이 봉석에게 인사를 건넸다. 우리나라 도서관으로 새 출발하며, 봉석은 이재욱을 관장으로 추천하고 자신은 부관장을 맡았다. 이재욱은 조선총독부도서관 때부터 같이 일했던 동료였다.

드디어 9시 정각, 도서관 문이 열렸다. 줄지어 기다리던 사람들이 밀려들어 왔다. 여자들도 꽤 많았다. 도서관에는 여성만을 위한 부녀석도 있었다. 아

직 여성의 사회 활동이 조심스러운 시기였다.

　잠시 후, 봉석은 도서관 서고 앞에 서서 천천히 눈을 감았다. 서가를 오가는 발자국 소리, 책장에서

책을 빼는 소리, 꽂히는 소리, 의자 끌리는 소리, 누군가 속삭이는 소리, 책장 넘기는 소리, 사사삭 공책에 쓰는 펜 소리…….

우리, 우리 국립도서관의 소리들이었다.

봉석은 가만히 두 손을 가슴에 대 보았다. 두근두근하는 심장의 고동 소리가 울렸다.

책이 좋아, 책을 마음껏 보고 싶어 도서관 일을 시작했는데 이젠 도서관이 삶이 되었다. 자신의 삶은 언제까지나 도서관과 함께일 것이다.

조선총독부도서관에서 시작한 건 가슴 아픈 역사지만, 도서관 시설과 자료들을 하나도 잃지 않고 우리 도서관으로 새롭게 자리잡은 건 다행이었다. 그날 173명이 도서관을 다녀갔다. 그 뒤로 점점 더 많은 사람들이 국립도서관을 찾아왔다.

우리의 정신을 대표하는 도서관

해방의 기쁨도 잠시, 나라에는 어지러운 소용돌이가 몰아쳤다. 우리 정부를 세우는 과정에서 서로서로 편을 갈라 다투었다. 소련(지금의 러시아)과 친한 사람, 미국과 친한 사람으로 나뉘어 싸우고, 네 편 내 편 따지며 서로 헐뜯었다.

건국준비위원회뿐 아니라 여러 정당, 사회 단체들

도 속속 생겨났다. 단체들마다 포스터, 전단을 만들고 퍼뜨렸다. 온갖 유인물, 인쇄물이 날마다 거리에 뿌려졌다.

봉석은 '문헌수집대'를 만들어 그것들을 모으기 시작했다. 하나라도 더 모으려고 문헌수집대원들은 너도나도 팔을 걷어붙였다. 봉석도 거리에 떨어진 인쇄물을 줍고 또 주웠다. 독립된 나라를 세우는 과정을 보여 주는 귀중한 자료가 될 것 같아 힘든 줄도 몰랐다.

봉석은 출근하면 전날 주워 온 한 보따리의 인쇄물 분류로 하루 일을 시작했다. 그렇게 모은 자료들을 정리해 해방 1주년 전시회에서 선보이기도 했다. 혼란스러운 시기였기에, 더욱 도서관을 중심으로 많은 일을 해 나갈 수 있을 거라고 봉석은 믿었다.

'이럴 때일수록 흔들리면 안 돼. 지금은 진짜 우리

도서관으로 자리잡고, 새로운 나라를 세우는 데 보탬이 되기 위해 함께 노력해야 해.'

봉석은 뜻이 맞는 사람들을 만나고, 도서관에서 일할 사람들을 키우고, 중요한 책들을 펴내고, 도서관의 중요성을 알리는 활동을 꿋꿋하게 해 나갔다. 몸이 부서져라 일하는 마음 한구석에는 부끄러움과 미안함도 자리했다. 아무리 다른 수가 없었다 해도, 일제강점기에 조선총독부도서관에서 일한 게 떳떳할 수는 없었으니까.

그런 만큼 우리나라 도서관의 기틀을 다지는 데 온 힘을 쏟아부었다. 1군1관 운동(하나의 군에 하나의 도서관을!)을 주도하고, 움직이는 도서관, 도서 주간 같은 행사들을 벌여 나갔다. 도서관 전문가들을 키우기 위해 사서 교육도 시작했다. 해방 즈음 박봉석 단 한 명이던 전문 사서가 여러 명으로 늘고, 도서

관들마다 사서들이 일을 하기 시작했다.

'해방이 되면…… 해방만 되면……' 하고 꿈꾸었던 일들을 봉석은 하나씩 하나씩 실현해 나갔다.

"뭐라고요? 그게 말이 됩니까?"

"미군정 쪽에서 워낙 강하게 나와서요."

국립도서관이 문을 연 지 두 달 만에 시련이 닥쳤다. 미군정청에서 법률도서관을 세운다며, 법 관련 책들을 옮기라고 지시했다. 해방과 동시에 들어온 미군정청은 우리 정부가 세워질 때까지 남한 지역을 맡아 다스리고 있었다.

"여기는 국립도서관입니다. 법률 도서 없는 국립도서관이라니 말도 안 됩니다. 없던 일로 해 주신다면 언제라도 대여해 갈 수 있도록 최대한 편의를 봐 드리지요."

이재욱 관장이 반대 의견을 전했지만 소용없었다. 미군정이 수차례 책들을 가져가려 해서, 도서관 직원들이 몸으로 막아 내야만 했다. 봉석과 이재욱 관장은 직원들과 머리를 맞댔다.

"최대한 미루기 작전을 펴면서 여론을 일으켜야 합니다. 각계각층에 국립도서관의 가치를 호소합시다."

"목록을 복잡하게 작성해서 책들 빼내는 걸 어렵게 하면 어떨까요?"

"법률책들 서가도 찾기 힘든 쪽으로 재배치하는 게 좋겠어요."

"혹시 모르니 밤에도 돌아가며 서고를 지킵시다."

그렇게 책들을 지키면서 반대 운동도 벌여 나갔다. 결국 미군정청에서도 한발 물러설 수밖에 없었다. 없던 일로 하겠다는 확답을 받은 날, 도서관이 떠나가라 환호성이 울렸다. 하면 된다는 믿음이 다시 한 번 빛을 본 순간이었다.

봉석은 나라의 미래를 이끌 어린이들에게도 관심이 많았다. 어릴 때부터 도서관과 친하고, 좋은 책을 만나며 자라는 게 중요하다고 믿었다. 그 어린이들이 커서 더 좋은 나라를 이루어 갈 테니까.

"도서관은 많을수록 좋아. 어린이를 위한 도서관과 도서관 교육도 필요하고."

봉석은 우리나라 최초의 책 분류표를 만들면서 '아동도서 분류표'를 덧붙였다. 국민학교(지금의 초등학교) 6학년 국어 교과서에 처음으로 '도서관 이야기'

가 실린 것도 봉석이 애쓴 결과였다. 도서관에서 지켜야 할 예의, 책 빌리고 돌려주는 방법 같은 내용이었다. '도서관'이라는 제목으로 글쓰기 대회도 열고, 독서진흥 주간도 만들었다.

그렇게 봉석이 수많은 일을 벌이고 해 나가는 동안 5년이 후딱 지나갔다. 봉석을 보며 주변 사람들은 고개를 내두르는 한편 걱정을 하곤 했다.

"또 책을 냈다고? 어제 밤새워 서지학회를 열지 않았나. 봉석, 자네 시간은 사십팔 시간이라도 되나? 아니면 몸이 열 개는 되는 건가?"

"그러다 건강 해치겠어요. 좀 쉬기도 해야 더 많은 일을 할 수 있지 않을까요?"

하지만 봉식은 도서관에 있을 때, 도서관 일을 할 때가 가장 좋았다. 책 더미에 파묻히면 고민도 걱정도 사라졌다. 도서관은 힘이 셌다. 도서관은 어마어

마한 나무고, 자신은 그 나무에서 행복을 찾는 수많은 새들 중 하나 같았다.

  일이 지나치게 많아 힘들 때도, 도서관을 위해 쉬지 않고 일할 힘이 자신에게 있었으면 하고 바랐다. 마치 꺼지기 전 더 밝게 빛나는 촛불처럼 그렇게 봉석은 자신을 불태웠다.

도서관만은 지키자

1950년 우리 민족의 비극 6·25전쟁이 터졌다. 폭발음과 총소리가 끊임없이 들려왔다. 불타는 건물에서 피어오른 연기가 하늘을 뒤덮였다. 서울 사람들은 밀려 내려오는 북한군을 피해 너도나도 피난을 떠났다. 하지만 봉석은 그럴 수 없었다. 일본인들 손에서 지켜 낸 도서관을 전쟁의 위험 속에 버려둘

수는 없었다.

한밤중, 또 공습경보가 울렸다. 자다 말고 벌떡 일어난 봉석은 작은아들을 들쳐 안고 방공호로 달렸다. 큰아들의 손을 잡은 아내가 바짝 붙어 따라왔다. 가까이서, 멀리서 무언가 터지는 소리가 연신 들렸다. 번쩍했다가 흩어지는 빛의 화살들도 보였다.

아내와 아이들을 방공호로 들여보낸 순간, 쾅! 하고 어마어마한 소리가 천지를 뒤흔들었다.

잠시 후, 봉석은 웅크렸던 허리를 펴고 귀를 막았던 손을 뗐다. 귀가 먹먹했다. 봉석은 방공호 밖으로 고개를 내밀어 소리가 난 쪽을 바라보았다. 도서관이 있는 방향이었다. 그대로 뛰쳐나가려는 봉석의 옷자락을 큰아들이 붙잡았다.

"아버지, 어디 가세요?"

잠시 멈칫했던 봉석은 허리를 수그려 아들과 눈을 맞추었다.

"기홍아, 어머니 말씀 잘 듣고, 동생 잘 돌보고 있거라. 내일 저녁에는 돌아올게."

"아버지……."

말을 잇지 못하는 아이 눈에서 눈물이 뚝뚝 떨어졌다. 봉석도 눈가가 붉어졌다. 봉석은 눈을 질끈 감았다 뜨며 아들의 머리를 쓰다듬었다.

"……너는 이 세상에 하나밖에 없는 귀한 사람이란다. 항상 참되고 성실하게 산다면, 마음먹은 일도 끝까지 해낼 수 있을 거야."

봉석은 고개를 돌려 아내를 마주 보았다. 아내의 눈에노 눈물이 그렁했다.

'꼭 가야겠어요?'

아내의 눈빛이 간절하게 물었다.

'······미안해요.'

봉석은 목까지 올라온 말을 삼키며 고개만 깊이 끄덕였다. 그러곤 천천히 돌아섰다.

봉석이 도서관으로 뛰어들기 무섭게 이재욱 관장도 달려왔다. 두 사람은 손을 맞잡고 다짐했다.

"이 도서관에 무슨 일이 생기면 나라를 위해 엄청난 손실입니다. 그동안 우리가 그토록 애쓴 것들도 물거품이 되고요. 어떻게든 도서관만은 지켜야 해요!"

1950년 7월 3일, 서울을 점령한 북한 군인들이 수위를 앞장세워 도서관 안으로 들어왔다. 봉석과 이재욱 관장은 자신들이 일하던 도서관에 갇혔다. 두 사람뿐 아니라 수많은 사람이 도서관으로 끌려왔다. 국립도서관은 순식간에 감옥이 되어 버렸다.

함께 갇힌 사람들 속에서 봉석은 아는 얼굴과 마주쳤다.

"아니, 당신은?"

"허, 김 관장님도 끌려오셨군요."

평소 알고 지내던 서울대 도서관장이었다. 그뿐 아니라 건국준비위원회에서 만난 얼굴도 보이고, 상하이 임시정부에서 일했던 사람도 있었다. 다들 나라의 행정, 사회, 문화 분야에서 중요한 일을 맡은 사람들이었다.

"우리를 어떻게 하려는 걸까요?"

"북한으로 데려간다는 말이 있던데요?"

"북한에도 도서관을 만들려는 걸까요?"

어느 날, 갇혀 있던 사람들이 도서관 마당으로 죄 끌려 나왔다. 도서관 이곳저곳에 나뉘어 있던 사람들이 한곳에 모이니 100명도 넘어 보였다.

봉석은 자신이 두어 달 정도 갇혀 있던 도서관 건물을 뒤돌아보았다. '국립도서관'이라는 간판 자리에 '서울시 정치보위부'라는 현판이 붙어 있었다. 인민군들이 사람들을 줄 세우더니 총부리를 겨누며 재촉했다.

"어서, 어서들 걸어요!"

봉석은 하늘을 올려다보았다. 1950년 9월 아침의 하늘은 시리도록 푸르렀다. 봉석은 천천히 눈을 감았다. 그동안 도서관에서 해 온 일, 앞으로 해야 할 일들이 떠올랐다. 그때 부르는 소리가 들렸다.

"여보!"

"아버지!"

봉석의 마음에만 울린 식구들 목소리였다. 방공호 앞에서 헤어진 뒤로 다시 보지 못한 가족이었다. 어디엔가 몰래 숨어 지켜볼 아내와 아들을 위해 봉

 석은 허리를 꼿꼿이 폈다. 두 팔은 묶여 있었지만 당당하게 발을 뗐다.
 차츰 멀어지는 봉석의 뒷모습에 국립도서관의 그림자가 길게 늘어졌다. 박봉석의 나이 마흔일곱 살의 가을이었다.

국립도서관은 그때 알고 있었을까?
훗날 국립중앙도서관으로 이름이 바뀐 자신이, 박봉석이라는 이름을 북한 자료에서 만나게 되리라는 것을. 그 자료에 쓰인 글귀가 박봉석에 대한 단 하나이자 마지막 소식이 되리라는 것을.

우리 도서관의 토대를 마련한 박봉석

박봉석은 1905년 경남 밀양의 산골에서 태어났어요. 어린 봉석의 총명함과 배움의 의지를 높이 산 스님의 도움으로 중앙공립보통학교를 거쳐 중앙불교전문학교에 다니며 공부했어요.

박봉석(1905~?)

졸업 후에는 조선총독부도서관에서 말단 사무원으로 일하다 사서 자격 시험에 합격했어요. 그 덕분에 우리 책과 자료들을 정리 보존하는 일을 할 수 있었지요. 해방 무렵 일본인들로부터 도서관과 책들을 지켜 내기도 했고요. 그 뒤 새로 출발하는 국립도서관의 초대 부관장이 되어, 우리나라의 도서관으로 자리잡는 데 큰 역할을 했어요. 전국의 공공도서관들을 지키기 위해서도 노력했고요.

박봉석은 해방 직후 혼란기에도 도서관을 위해 무엇을 해야 하나 늘 고민했어요. 언젠가 쓰일 거라 생각해 거리의 전단지까지 모아 전시회를 열고, 국립도서관학교를 만들어 사서들도 키워 냈어요. 그때 나온 사서들은 공공도서관들의 큰 일꾼들이 되지요. '1군1관 운동'을 벌이고, 조선서지학회를 창립해 책에 대한 연구를 할 수 있는 바탕도 마련했어요.

박봉석은 일제강점기에 자신이 만든 '조선공공도서관 분류표'를 발전시켜 '조선십진분류표'도 만들었어요. 조선십진분류표는 일제강점기의 책 분류를 그대로 따르기 어렵던 참에, 혼란을 줄이고 우리가 만든 분류표를 사용했다는 점에서 큰 의미가 있어요. 우리나라 최초의

조선십진분류표

현대적인 분류표인 셈이에요.

박봉석은 6·25전쟁 때 북한으로 끌려갑니다. 다른 사람들처럼 피란 가지 않고, 도서관을 지키려다가 잡혀갔어요. 그 뒤로 지금까지 소식을 알 수 없어 안타깝습니다.

훗날 박봉석의 업적이 인정되어 2003년 대한민국 은관무관 훈장을 받았어요. 2016년에는 국립중앙도서관 전시실을 새롭게 꾸미면서 박봉석에 대한 전시도 마련했고요. 국립중앙도서관에 가면 언제든 박봉석의 업적들을 살펴볼 수 있게 되었어요.

『국사정해』와 『조선사정해』: 박봉석은 불교 철학과 역사에도 관심이 많아 역사책과 불교책을 내기도 했다. 그중 박봉석이 쓴 국사 참고서는 엄청난 인기를 끌어 여러 번 인쇄했고, 오랫동안 역사 참고서로 쓰였다.

지금은 마을마다, 학교마다 다양한 도서관이 있어서, 우리는 언제든 가까운 도서관에 갈 수 있어요. '우리 국가와 민족의 정신을 대표하는 도서관을 세워야 한다'고 입버릇처럼 말했던 박봉석. 누구보다 우리나라 도서관 발전을 위해 애썼던 그 마음은 우리가 만나는 도서관들에 고스란히 남아 있답니다.

박봉석과 함께한 우리 도서관의 선구자, 이재욱

이재욱은 박봉석과 함께 우리 도서관을 만드는 데 큰 역할을 했어요. 조선총독부도서관에서 부관장으로 있다가 1945년 초, 조선총독부도서관을 그만두고 고향에 내려가 경북도청에서 일했지요. 해방 후 박봉석과 도서관 직원들의 추대로 초대 국립도서관 관장이 되었어요. 이재욱은 조선어문학회, 조선서지학회 발기인으로 참여했고, 박봉석과 함께 '조선도서관학교'를 만들어 강사로도 활동했어요. 1946년에는 박봉석에 이어 조선도서관협회 2대 회장을 맡기도 했지요. 『농촌도서관의 경영법』, 『독서와 문화』라는 책을 쓰기도 했어요.

박봉석의 도서관 활동이 갖는 의미

　1925년에 문을 연 조선총독부도서관은 우리의 책과 자료들을 죄 끌어모으고 여러 곳에 공공도서관을 만드는 데 앞장섰어요. 일본이 허락하는 것만 보게 해서 조선 사람들의 생각을 쥐락펴락하려는 통치 방식이었지요. 그래서 조선총독부도서관에서 일했던 박봉석을 부정적으로 보는 시각도 있어요. 박봉석은 조선총독부도서관에서 오랫동안 일했고, 세 번째로 중요한 사람이 되기도 했거든요. 일본의 강요라지만 한때 이름도 일본식으로 바꾸었으니 일본에 협력했다는 거지요.

　그와 달리 우리의 아픈 역사로 봐야 한다는 시각도 있어요. 당시 선택할 수 있는 다른 길이 없었고 척박한 환경 속에서 박봉석이 해낸 역할과 성과를 더 높이 사야 한다는 주장이에요.

　박봉석은 일제 치하에서 우리나라 중심의 분류표를 만들어 발표(1940년 「문헌보국」)하기도 했고, 해방되던 무렵에는 우리 책과 자료들을 지켜 내는 데 앞장섰어요. 조선총독부도서관을 우리 도서관으로 바꾸는 것뿐 아니라, 우리나라 모든 도서관의 토대와 운영 체계를 마련하는 데도 큰 역할을 했거든요.

박봉석이 해방 뒤를 바라보며 미리 계획하고 준비하지 않았다면 쉽지 않았을 거예요. 노력하고 연구하는 성실한 사서이자, 누구보다 책과 도서관을 사랑하는 마음에서 비롯된 일일 테고요.

해방 뒤 6·25전쟁이 터지기 전까지, 남한의 도서관은 국공립과 사립을 합쳐 34곳인데요, 박봉석은 건국준비위원회로부터 부탁 받은 관립도서관 2곳(조선총독부도서관, 철도도서관)뿐 아니라 전국의 도서관을 지키려고 애썼어요. 도서관마다 직접 찾아다니며 일본인 사서가 하던 일을, 우리나라 사람들이 맡아 운영할 수 있게 도왔고요. 그렇게 밤낮으로 뛰어다닌 박봉석 덕에 우리나라 도서관들은 과도기의 혼란을 크게 겪지 않고 빠르게 자리를 잡을 수 있었어요. 해방된 지 두 달 만에 국립도서관이 개관할 수 있었던 것도 마찬가지예요.

당시 대다수 도서관에서 책들을 나눌 때 박봉석의 '조선십진분류표'를 표준분류표로 사용했어요. 분류, 목록, 서지학 등 박봉석이 교재까지 직접 만들어 교육한 사서들은 공공도서관의 중요한 인재들이 되었고요.

그 밖에도 우리 도서관의 토대를 닦으려는 숱한 노력을 이어 갔지만, 한국전쟁이라는 비극으로 꺾여 버렸어요. 박봉석이 북한으로 끌려간 뒤 더 발전하지 못한 조선

해방 후 미군정기 국립도서관 기념 사진 : 가운데 미군 2명을 사이에 두고 왼쪽이 이재욱 관장, 오른쪽이 박봉석 부관장.

십진분류표도 도서관에서 슬그머니 사라졌지요. 지금은 1964년에 만들어진 '한국십진분류표'를 도서관의 표준 분류표로 사용하고 있어요.

그렇다고 박봉석이 만든 우리나라 최초의 현대적인 분류표와 목록 규칙의 가치마저 사라지는 건 아니에요. 분류표뿐 아니라 박봉석이 해 온 모든 일이 우리 도서관의 틀이 되었고, 대한민국 도서관의 역사 그 자체라고 할 수 있으니까요.

다만 아쉬운 건, 박봉석에게 일제강점기의 활동에 대해 스스로 반성, 정리할 시간이 조금만 더 있었더라면 어땠을까요? 6·25전쟁 때 끌려가면서, 해방 뒤 5년도 채 못 되는 짧은 기간밖에 허락되지 않았으니까요. 이는 우리 도서관을 위해서도 참으로 안타까운 일이에요. 그럼에도 그 5년이라는 시기는 우리 도서관 역사에서 매우 중요하답니다.

일제강점기 우리 도서관의 역사

1901년에 문을 연 '부산도서구락부'(부산 용두산 아래 위치)를 우리나라 최초의 공공도서관으로 꼽기도 하는데, 안타깝게 일본인 상인들이 만든 도서관이에요.

더디긴 했어도 우리 손으로 우리 도서관을 세우려는 노력은 끊임없이 이어졌어요.

1906년 개화사상가였던 이범구, 이근상, 윤치호가 경성에 대한도서관을, 진문옥과 권용순은 평양에 대동서관을 세웠어요. 그러나 대한도서관은 책을 조선총독부에 빼앗겨 문을 열지 못했어요. 평양의 대동서관도 한일합방과 함께 문을 닫아야 했고요.

경성도서관

일제 치하에서도 도서관을 만들려는 우리나라 사람들의 노력은 계속되었어요. 1920년 윤익선이 종로구 취운정에 3·1운동 이후 최초의 사립도서관인 경성도서관을, 1921년에는 이범승이 탑골공원에 같은 이름의 도서관을 열었어요. 나중에 탑골공원의 도서관은 경성도서관 본관, 취운정 도서관은 분관이 되지요.

　박봉석이 조선총독부도서관에서 일하기 전에 즐겨 찾던 바로 그 도서관입니다. 수십 종의 신문과 잡지가 있고, 하루 수백 명이 다녀가는 등 조선 사람들에게 인기가 높았어요.

일제강점기 도서관의 분포 - 경성

이를 본 일본이 명동에 공립도서관인 '경성부립도서관'을 만듭니다. 그 뒤로 경성도서관은 비용 문제와 일본의 간섭으로 1925년 문을 닫고, 경성부립도서관 종로분관(서울시립종로도서관)이 되지요.

3·1만세운동 이후 일본이 통치 방식을 문화 통치 중심으로 바꾸면서 경성부립도서관 말고도 공립도서관들이 속속 문을 열어요.

1930년대 조선의 장서량

도서관	장서량(권) 315,244	비율	
조선총독부도서관	101,501	73%	80%
철도도서관	85,140		
경성부립도서관	28,983		
경성도서관	15,355		
부산부립도서관	11,776	27%	
평양부립도서관	10,506		
국내 44개 도서관	61,974		20%

출처 : 1930년 조선총독부 통계연보

1932년은 일제강점기 도서관의 수가 가장 많았던 해인데요, 관립도서관이 2곳으로 경성의 조선총독부도서관과 철도도서관, 전국에 공립도서관 16곳, 사립도서관은 34곳이나 됩니다. 그밖에 경성제국대학, 전문학교들에도 도서관이 있었고요. 하지만 조선어 말살 등 갈수록 심해지는 일본의 탄압 정책으로 하나둘 문을 닫게 되지요.

사진으로 보는 근대의 도서관

조선총독부도서관 일제강점기에 지금의 국립중앙도서관 역할을 한 조선총독부도서관. 박봉석은 고원으로 근무를 시작한 이 도서관에서 일하면서 사서가 되고, 해방 후 도서관을 넘겨받아 현재의 국립중앙도서관의 기틀을 만들었어요.

조선총독부도서관 열람실 당시 문맹률이 80퍼센트가 넘기에 이용자의 대부분은 수험 준비를 위한 학생과 취업 준비생들이었어요.

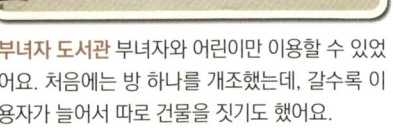

부녀자 도서관 부녀자와 어린이만 이용할 수 있었어요. 처음에는 방 하나를 개조했는데, 갈수록 이용자가 늘어서 따로 건물을 짓기도 했어요.

사서부일지 복원본 및 원본 1945년~1954년까지 사서들이 매일 업무를 수행하고 기록한 업무일지예요. 도서를 점검한 상황 보고, 중복 분류된 자료를 찾아내 정정, 도서관학교를 운영한 내용들이 수록되어 있어요. 해방 이후 정치 사회의 혼란 속에서도 도서수호문헌수집위원회, 문헌수집대 등 도서관을 수습하고 안정을 찾으려는 노력들을 엿볼 수 있어요.

도서관주간 포스터 도서관주간에는 포스터를 제작하여 전국에 배포했어요. 라디오 방송으로 독서를 장려하고, 도서관 무료 열람, 강연회 등 도서관 행사를 진행했어요.

목포행 순회문고 지역 도서관의 부족한 책을 보충하기 위해서 일정 기간 책을 대출하는 사업이에요. 순회문고는 철도로 수송했기에 책 손상을 막기 위해 튼튼한 나무 상자에 약 50권의 책을 넣어서 보냈다가 한 달여 만에 반납 받았어요. 부산, 함흥, 목포, 대구, 원산, 대전 등 전국 9개 지역을 대상으로 활발하게 운영됐어요.

참고 논문

- 일제강점기의 한국 도서관 문헌분류표 연구 / 여지숙 / 2006 / 계명대학교 박사논문
- 도시문화시설로서 한국 근대 도서관의 입지적 특성 및 사회적 역할에 관한 연구
  - 일제강점기 경성을 중심으로 / 김성태, 권영상 / 2010 /한국도시설계학회지
- 한국 공공도서관 운동의 전개과정 -해방 이후부터 한국전쟁까지를 중심으로 /
  이연옥 / 2000 / 한국도서관정보학회지

참고 서적

- 『국립중앙도서관 사서부일지』 송승섭 저, 도연문고
- 『도서관인 박봉석의 생애와 사상』 오동근 저, 태일사
- 『도서관인물 평전』 이용재 저, 산지니

사진 출처

- 본문의 사진은 국립중앙도서관에서 개방한 저작물을 이용하였습니다.